Barrierefreiheit im Web 2.0
Ein Leitfaden zu Behinderung und Social Media

Barrierefreiheit im Web 2.0

Ein Leitfaden zu Behinderung und Social Media

Domingos de Oliveira

Bibliografische Information der Deutschen Nationalbibliothek:
Die Deutsche Nationalbibliothek verzeichnet diese Publikation in
der Deutschen Nationalbibliografie; detaillierte bibliografische
Daten sind im Internet über http://dnb.dnb.de abrufbar.

Impressum

Herstellung und Verlag: BoD – Books on Demand, Norderstedt
ISBN: 9783743180246

Inhaltsverzeichnis

1. Einleitung

Für viele Menschen hat sich das Web 2.0 zum täglichen Begleiter entwickelt. Für behinderte Menschen spielt es aber eine ganz besondere Rolle. Warum das so ist und wie Sie Ihre Inhalte möglichst barrierefrei anbieten können, erfahren Sie in diesem Leitfaden.

Der Leitfaden richtet sich sowohl an Social-Media-Redakteure als auch an Aktivisten oder Privatpersonen, die ihre Kommunikation so gestalten möchten, dass sie für eine große Zahl von Menschen zugänglich ist.

Im ersten Teil werde ich die verschiedenen Barrieren behandeln, die das klassische Web und Web 2.0 mit sich bringen. Im zweiten Teil geht es um die unterschiedlichen Medien: Sie erfahren, worauf Sie bei Texten, Bildern und Videos achten sollten und wie Sie diese zugänglicher gestalten können. Im dritten Teil geht es um die besonderen Anforderungen der heute verbreiteten Netzwerke.

Ich werde in dieser Broschüre nur soziale Netzwerke behandeln. In sozialen Netzwerken geht es darum, mit einer großen Öffentlichkeit zu kommunizieren. Plattformen wie WhatsApp sind für die Kommunikation zwischen Individuen oder in geschlossenen Gruppen gedacht.

Wegen der Vielzahl der Plattformen habe ich mich im dritten Teil auf die aktuell relevantesten Systeme konzentriert: Facebook, Twitter und YouTube. Wenn man die Regeln kennt, lassen sie sich auch auf weitere Plattformen wie Google+ übertragen.

Die Plattformen entwickeln sich ständig weiter. Deswegen ist der dritte Teil eine Momentaufnahme. Verfolgen Sie die Aktivitäten des jeweiligen Netzwerks, um über aktuelle Entwicklungen auf dem Laufenden zu sein. Die im ersten und zweiten Teil behandelten Informationen bleiben bis auf Weiteres aktuell. Ich verwende die Begriffe Web 2.0, Social Media und Social Web synonym.

2. Teil 1
Behinderte Menschen im Web 2.0

Leider gibt es keine aktuellen Statistiken darüber, wie stark Social Media von behinderten Menschen genutzt wird. Die letzte Studie ist aus dem Jahr 2007 und wurde von der Aktion Mensch durchgeführt. Die Studie heißt „Web 2.0 barrierefrei" und ist nach wie vor lesenswert. Im Wesentlichen gab es zwei in unserem Zusammenhang interessante Ergebnisse:

- Behinderte Menschen sind stärker im Web aktiv als Nicht-Behinderte.

- Behinderte Menschen entwickeln teils aufwendige Strategien, um sich Inhalte zugänglich zu machen.

Auch wenn die Studie schon fast zehn Jahre alt ist, dürften die Ergebnisse im Wesentlichen immer noch aktuell sein. Folgende Gründe lassen sich dafür anführen:

- Ein wichtiger Faktor ist die rasante Verbreitung von Smartphones und mobilen Internetzugängen in den letzten Jahren. Die Betriebssysteme Android und iOS verfügen über eingebaute Bedienungshilfen, so dass auch sinnes-, körper- und lernbehinderte Menschen diese Geräte oft leichter als klassische Computer nutzen können. Viele behinderte Menschen gehören außerdem zur ärmeren Bevölkerungsgruppe. Sie greifen deshalb eher auf die günstigeren mobilen Internetzugänge zurück.

- Viele Studien wie die ARD/ZDF-Online-Umfrage zeigen, dass immer mehr ältere Menschen im Internet und Web 2.0 aktiv sind. Unter älteren Menschen finden sich auch überdurchschnittlich viele behinderte Menschen.

- Behinderte Menschen sind häufig sozial isoliert. Sie sind darauf angewiesen, ihre sozialen Kontakte über das Internet zu pflegen. In vielen Fällen sind sie durch ihre Behinderung oder durch mangelnde räumliche Barrierefreiheit nicht mobil. Rollstuhlfahrer können nicht ohne Weiteres die Kneipe an der Ecke oder das Theater in der nächsten Großstadt besuchen.

- Behinderte Menschen sind häufig arbeitslos oder im Ruhestand. Dadurch reduzieren sich soziale Kontakte etwa zu Arbeitskollegen. Für viele dieser Menschen hat sich das Web 2.0 zum Ersatz für direkte soziale Kontakte entwickelt.

- Last but not least: Der Austausch von behinderten Menschen untereinander kann relativ schwierig sein. Die Gruppen sind teils recht klein und weit verstreut. Es gibt etwa 100.000 Blinde und 80.000 Gehörlose in Deutschland. Im Wesentlichen sind sie aber über das ganze Land verteilt. Wer sich als Gehörloser mit anderen Gehörlosen austauschen möchte und sich vielleicht mit der Gehörlosen-Community in seiner Heimatstadt nicht versteht, kann auf das Web 2.0 ausweichen.

Es gibt aber auch behinderte Menschen, die von der technischen Entwicklung abgeschnitten sind, das sind vor allem Menschen mit komplexen Behinderungen sowie Menschen mit geringer Technikaffinität. So gibt es Menschen, bei denen mehrere Behinderungen kombiniert auftreten: Für Menschen mit motorischen Einschränkungen und Sprachstörungen ist es derzeit kaum möglich, einen Computer zu steuern, da sie Maus, Tastatur oder Spracheingabe nicht verwenden können.

Ähnliches gilt für lernbehinderte Menschen. Viele können ein Smartphone bedienen, einige sind aber von der Technik überfordert.

Es wird neue Ansätze brauchen, um diesen Gruppen den Zugang zum Internet zu erleichtern.

Abhängig von der Behinderung wurden im Prä-Web-2.0-Zeitalter im Internet unterschiedliche Kanäle genutzt. Blinde tauschten sich bevorzugt über Mail aus, Gehörlose nutzen Skype oder andere Dienste für ihre Gebärdensprach-Videos, Andere nutzen Foren oder Chats. Dienste wie Facebook, Google+ und Twitter haben die alten Nutzungsgewohnheiten auf den Kopf gestellt. Dort können problemlos Texte, Fotos oder Videos geteilt werden, ohne dass man sich um technische Fragen wie Speicherlimits oder Formate kümmern muss.

Der Netzwerk-Effekt führt dazu, dass die alten Kanäle im Internet an Zuspruch verlieren, auch wenn sie nach wie vor genutzt werden. Je mehr Personen die großen Netzwerke nutzen, desto attraktiver werden sie auch für deren Freunde und Bekannte.

Ein Vorteil der großen Netzwerke ist, dass über sie auch problemlos nicht-Behinderte Menschen erreicht werden können. Mailinglisten von Blinden zum Beispiel sind für Sehende unattraktiv. Die Personen, die auf Webseiten und Blogs von Behinderten-Aktivisten mitlesen, sind zumeist schon interessiert oder zumindest neugierig. Man kommt aber selten an jene heran, die noch keinen Kontakt zu behinderten Menschen hatten. Nicht-Behinderte lassen sich sehr gut über Twitter, Facebook oder YouTube erreichen.

2.1 Aktivitäten im Web 2.0

Grundsätzlich nutzen behinderte Menschen das Internet nicht anders als Nicht-Behinderte. Das Web 2.0 wird genutzt um Bekanntschaften zu pflegen oder neue Menschen kennenzulernen, um sich selbst darzustellen oder um sich zu informieren und auszutauschen.

Es gibt allerdings noch mehr: So bietet Facebook eine Heimat für zahllose Selbsthilfe-Gruppen. Es gibt allgemeine Gruppen, in denen sich Behinderte zum Beispiel über Pflege oder Schwerbehindertenausweis austauschen. Und es gibt Gruppen zu einzelnen Behinderungen oder Erkrankungen wie Blindheit, Multiple Sklerose oder Diabetes. Auf Facebook gibt es sogar eigene Kontaktbörsen speziell für behinderte Menschen.

Im Bereich Blindheit und Sehbehinderung gibt es aktuell kein gut frequentiertes Internet-Forum, in welchem man sich über Hilfsmittel und andere Fragen austauschen kann. Neben Mailinglisten, die in Blindenkreisen immer noch sehr wichtig sind, spielt für den Austausch im Internet Facebook derzeit die größte Rolle. Für andere Behinderungen dürfte es ähnlich aussehen. Für den individuellen Kontakt haben sich unter Blinden vor allem Skype, Mail sowie Sprachnachrichten über WhatsApp und ähnliche Dienste etabliert.

Das Web 2.0 hat dazu geführt, dass viele spezielle Online-Foren weniger stark frequentiert werden. Ein Kuriosum besteht darin, dass diese Foren ein gewisses Maß an Anonymität gewährt haben - die meisten Nutzer sind dort mit Pseudonymen und Symbolfotos unterwegs, während sie bei Facebook den eigenen Namen und das eigene Foto verwenden. Offenbar sind sich die meisten User der Datenschutz-Problematik nicht bewusst.

Konsum und Austausch sind nur zwei Aspekte des Social

Web. Es gibt außerdem zahlreiche Webblogs, Podcasts, You-Tube-Channels oder Twitter-Auftritte, auf denen behinderte Menschen eigene Inhalte veröffentlichen. Dabei geht es oft - aber nicht immer - um Behinderung. Sie teilen ihre eigenen Erfahrungen und erreichen ein teils beachtliches Publikum weit über die Behindertenkreise hinaus.

2.2   Barrieren im Web 2.0

Bei Behinderungen denken Sie wohl als erstes an Blinde und Rollstuhlfahrer. Bei diesen Personen ist die Behinderung am auffälligsten. Es gibt aber noch weitere Gruppen, die mit Barrieren zu kämpfen haben. Aus Platzgründen möchte ich an dieser Stelle nur die wichtigsten Probleme aufgreifen.

Lernbehinderte Menschen haben vor allem Schwierigkeiten dabei, komplexe Benutzeroberflächen zu verstehen und zu bedienen. Außerdem können sie Probleme haben, Texte in Alltagssprache zu verstehen.

Blinde und Sehbehinderte haben vor allem Probleme bei der visuellen Kommunikation. Sie sind häufig ausgeschlossen, wenn vor allem Bilder und Videos eingesetzt werden. Sie können nicht erkennen, was darauf zu sehen ist. Zudem gibt es viele Videos, bei denen gar kein Ton aufgenommen wurde. Dadurch fällt der für diese Gruppe wichtigste Kanal weg: das Gehör.

Ebenfalls von Barrieren betroffen sind funktionale Analphabeten. Das sind Menschen, die große Probleme beim Lesen und Schreiben haben. In Deutschland sind ca. 7,5 Millionen Menschen betroffen. Obwohl Fotos und Videos im Web 2.0 weit verbreitet sind, enthalten Texte die meisten wichtigen Informationen. Lesebehinderte profitieren davon, dass Social-Media-Plattformen eine einheitliche Benutzeroberfläche bieten. Außerdem haben es Dienste wie WhatsApp wesentlich erleichtert, Sprach- und Videoaufnahmen auszutauschen.

Die meisten Menschen mit einer von Geburt an bestehenden Behinderung haben zumindest teilweise gelernt, mit ihrer Behinderung umzugehen. Der überwiegende Teil der Behinderungen tritt aber im reiferen Alter auf. Für diese Menschen ist es teils sehr schwierig, die Behinderung zu kompensieren. Sie können nicht so gut mit der Technik umgehen wie Geburtsbehinderte, Für ältere Blinde ist es wesentlich schwieriger, die Blindenschrift zu erlernen oder mit der Hilfssoftware am Computer umzugehen. Hinzu kommt, dass eine Behinderung im Alter selten allein auftritt: Wer im Alter erblindet, hat oft auch Probleme mit dem Gedächtnis, das Hören kann ihm schwer fallen, die Lernfähigkeit lässt nach und die Finger sind nicht mehr so geschmeidig wie in der Jugend. Das alles erschwert das Erlernen und Bedienen neuer Technologien. Wenn Sie also auf einen jungen behinderten Menschen treffen, der wunderbar mit seinen Hilfsmitteln umgehen kann, sollten Sie daraus keine falschen Schlüsse ableiten. Die meisten Betroffenen sind erst im Alter behindert geworden und haben oft mit der Technik und ihren Tücken zu kämpfen.

Eine Gruppe wird meistens vergessen, weil sie nicht behindert ist: Personen mit geringer Technikerfahrung. Sie benutzen einen Computer nur im Büro. Sie sind oft von komplexen Programmen oder Webanwendungen überfordert oder fürchten sich davor, „etwas kaputt zu machen“. Diese Gruppe freut sich über die einfache und einheitliche Benutzeroberfläche von Apps.

Smartphones haben im Vergleich zum klassischen PC eine simple Benutzeroberfläche. Nüchtern betrachtet ist der PC ein Expertengerät. An jeder beliebigen Stelle der Benutzeroberfläche gibt es Dutzende von Bedien-Möglichkeiten. Das

Smartphone können Sie hingegen im Wesentlichen mit den beiden Gesten Tippen und Scrollen bedienen. Fast alle genannten Gruppen profitieren von der einheitlichen Benutzeroberfläche dieser Systeme und der Apps.

3. Teil II
Barrierefreiheit in Social Media

Der Gestaltungsspielraum für eigene Social-Media-Auftritte
ist beschränkt. Das hat gute und schlechte Seiten. Anders als
bei Webseiten können Sie bei der Gestaltung Ihres Facebook-
oder Twitter-Auftritts nicht viel falsch machen. Andererseits
können Sie aber auch nichts tun, um die Barrierefreiheit der
Plattform selbst zu verbessern. Wenn Facebook Barrieren
aufweist, so können Sie mit Ihrem Facebook-Auftritt nichts
daran ändern.

Twitter, Facebook und Co. bieten eine einheitliche Benutzeroberfläche. Das heißt, die Nutzer finden Navigations-Menüs,
Beiträge oder Suchfunktionen immer an der gleichen Stelle.
Es ist also über Facebook einfacher, mit Ihnen Kontakt aufzu-
nehmen als über die Website Ihrer Organisation.

Den eigentlichen Durchbruch bei behinderten Menschen
verdankt das Web 2.0 dem Smartphone-Boom. Behinderte
Menschen müssen viel Geld für Hilfsmittel wie Screenreader
ausgeben, um einen Computer nutzen zu können. Fast alle
Smartphones haben hingegen integrierte Bedienungshilfen
wie Textvergrößerung, Screenreader oder Spracheingabe, die
es behinderten Menschen erleichtern, die Geräte out of the
box einzusetzen.

3.1   Nutzungswege für Web 2.0

Wie schon erwähnt gehen behinderte Menschen tendenziell
eher mit mobilen Geräten online. Für alle gängigen Netzwerke gibt es Apps, die häufig barrierefreier sind als deren Desk-
top-Webseiten.

Prinzipiell gibt es drei Zugänge zu den Netzwerken, hier dargestellt am Beispiel Facebook:

- Die Desktop-Variante - www.facebook.com

- Die für mobile Geräte optimierte Webseite m.facebook.com

- Die Smartphone-App Facebook

Um die Sache noch komplizierter zu machen: Rufen Sie m.facebook.com von ihrem Notebook auf, sieht die Website anders aus als wenn Sie sie von einem Smartphone abrufen. Dynamische Websites wie www.facebook.com sind für Blinde nicht gut zugänglich. Für Sehbehinderte sind sie sehr unübersichtlich. Deswegen nutzen viele behinderte Menschen auf dem PC lieber die mobile Seite m.facebook.com. Die Facebook-App ist ebenfalls gut bedienbar. Sie wird von vielen behinderten Menschen gegenüber www.facebook.com bevorzugt. Das gilt entsprechend auch für Twitter und YouTube. Dabei hat jeder Zugangsweg seine Vor- und Nachteile:

- Das Webportal ist unübersichtlich, bietet aber alle Optionen.

- Das mobile Portal m.facebook.com ist übersichtlich, bietet aber nicht alle Funktionen des Webportals.

- Die Facebook-App ist zwar gut bedienbar. Allerdings hat Facebook die unterschiedlichen Funktionen auf verschiedene Apps aufgeteilt. So brauchen Sie mittlerweile eine eigene App - den Messenger - um Nachrichten senden und empfangen zu können.

Für uns ist es wichtiger, dass nicht alle Optionen überall gleichzeitig ausgerollt werden. Zum Beispiel vergibt Facebook seit diesem Jahr automatisch Alternativtexte für Bilder. Diese Funktion stand zuerst für Smartphones und erst später für die Website und das mobile Portal zur Verfügung. Manchmal hängt die Zugänglichkeit tatsächlich vom verwendeten System ab:

- Auf iPhone und iPad liest der Screenreader eine Beschreibung für die beliebten Emojis vor.
- Auf Windows-Systemen werden Emojis von dem verbreiteten Screenreader NVDA aktuell ignoriert.

Denken Sie also daran: Wenn Sie eine Problemmeldung erhalten, fragen Sie nach, welchen Zugangsweg und welche Technik der Besucher verwendet hat.

3.2 Barrierefreie Inhalte

In diesem Abschnitt erfahren Sie, wie Sie Inhalte barrierefrei anbieten können. Im dritten Teil werde ich mich mit den großen Netzwerken beschäftigen und dabei auch auf spezielle Anforderungen eingehen.

Natürlich gelten im Web 2.0 die gleichen Regeln zur Gestaltung von Texten oder zur Auswahl von Bildern wie im klassischen Web. Ich werde deshalb nur auf spezielle Anforderungen der Barrierefreiheit eingehen. Zunächst möchte ich aber die besonderen Anforderungen inklusiver Inhalte behandeln. Sie gelten für jeden Kanal und für jeden Medientyp.

3.3 Texte

Texte sind nach wie vor das Kernstück vieler Social-Media-Angebote, eine Ausnahme bilden Plattformen wie Instagram oder Pinterest, auf denen praktisch nur Fotos geteilt werden. Für Social-Media-Texte gelten selbstverständlich die gleichen Regeln wie für alle Texte. Im Web finden Sie zahlreiche Checklisten zu den Themen Verständlichkeit, spezielle Anforderungen von Social Media-Texten und so weiter. Ich

werde daher nur auf Anforderungen der Barrierefreiheit eingehen.

Social-Media-Texte können Sie wesentlich lockerer als Web-
site-Texte formulieren. Das macht die Texte aber nicht immer
verständlicher. Gerade in solchen Texten werden gerne Insi-
der-Gags oder Fachjargon verwendet. Zum Fachjargon zählen
dabei auch Begriffe wie Teilhabe, Behindertenrechtskonven-
tion oder Inklusion. Das sind Begriffe, die der Mensch auf der
Straße nicht kennt oder falsch interpretieren kann.

Wichtig ist auch, dass Sie Ihre Texte sauber strukturieren.
Aus dem ersten Satz sollte klar hervorgehen, worum es in
dem Text geht. Die wichtigsten Fragen sollten am Anfang be-
antwortet werden:

- Um wen oder was geht es?

- Warum ist das wichtig für mich?

Gerade Wenig-Leser sind für allgemeines Geplauder in Text-
form nicht zu haben. Wenn ihnen nicht schnell klar wird,
dass der Beitrag für sie wichtig ist, werden sie den Beitrag
nicht zu Ende lesen.

Halten Sie die Texte so kurz wie möglich. Ein Text ist dann
perfekt, wenn Sie nichts mehr wegkürzen können, ohne den
Informationsgehalt zu verringern. Der erste Satz sollte klar
machen, worum es geht, damit der Leser entscheiden kann,
ob der Beitrag für ihn interessant ist.

Diese Regel muss ein wenig eingeschränkt werden. Der
Telegrammstil mag verständlich sein, ist aber wenig anspre-
chend. Außerdem werden die Texte länger, wenn Sie unbekannte Wörter erklären. Kürze ist also ein wünschenswertes
Ziel, aber kein Wert an sich.

Wenn Sie verständlicher schreiben möchten, sollten Sie kon-
sequent ein Konzept wie die einfache Sprache verwenden.

Ein großer Teil der Texte wird von der allgemeinen Leserschaft nicht verstanden. Die meisten Menschen verstehen Texte auf dem Sprachniveau B 1, das entspricht der BILD-Zeitung. Das Sprachniveau A 1 entspricht der Leichten Sprache. Darin können grundlegende Dinge ausgedrückt werden. Das Sprachniveau C 1 wird in der Frankfurter Allgemeinen Zeitung verwendet. Ausführliche Infos und Leitlinien finden Sie in meiner Broschüre „Sagen Sie es einfach".

Denken Sie daran, dass Texte auf Smartphones weniger aufmerksam gelesen werden, somit kommt eine verständliche Sprache sowohl dem funktionalen Analphabeten als auch demjenigen zugute, der auf sein Smartphone schaut, während er auf den Bus wartet und nur mit halber Aufmerksamkeit liest.

> Beispiel für einen Text in einfacher Sprache:
>
> „Sie haben das Recht sich Ihren Arzt oder ihre Ärztin auszusuchen. Das nennt man „das Recht auf freie Arztwahl". Das steht sogar im Gesetz (in Paragraf 76, Sozialgesetzbuch 5).
>
> Sie dürfen Ihren Arzt auch wechseln.
>
> Allerdings können Sie einen bestimmten Arzt nicht zwingen, dass er Sie behandelt. Aber wenn es einen Notfall gibt, muss der Arzt Sie behandeln. Wenn er Sie nicht behandelt, wenn es Ihnen plötzlich sehr schlecht geht und Sie sofort behandelt werden müssen, können Sie sich beschweren."
>
> Quelle: Patienteninitiative. Patientenrechte – einfach erklärt. Weitere Infos unter http://patienteninitiative.de/informationen/patientenrechte/

Die wichtigsten Regeln der einfachen Sprache lauten:

- Passen Sie ihr Sprach-Niveau der Zielgruppe an. Schreiben Sie so, dass Ihre Zielgruppe Sie versteht.

- Lassen Sie Fach-Jargon weg. Wenn Sie unbekannte Wörter verwenden müssen, erklären Sie diese.

- Machen Sie nur eine Aussage pro Satz.

- Halten Sie die Sätze einfach. Verzichten Sie auf Konjunktive, doppelte Verneinungen, Ironie, Zwischen- und Nebensätze.

- Seien Sie sparsam mit grafischen Elementen wie Emojis, Einrückungen, Texten in Versalien und so weiter. Emojis werden teilweise von den Screenreadern nicht richtig erfasst. Der Blinde versteht vielleicht nicht, dass etwas ironisch gemeint war. Die Häufung von Emoticons und Emojis stört wie die anderen genannten Formatierungen den Lesefluss.

Leichte Sprache

Die Leichte Sprache ist eine vereinfachte Form der Alltagssprache. Sie richtet sich vor allem an lernbehinderte Menschen.
Von Leichter Sprache darf laut dem Netzwerk Leichte Sprache, nur gesprochen werden, wenn die Texte nach deren Regeln übersetzt und von Personen aus der Zielgruppe überprüft wurden. Für diese Aufgabe gibt es spezielle Agenturen, die „Büros für Leichte Sprache".
Die Leichte Sprache kommt auch Menschen mit geringen Deutschkenntnissen sowie funktionalen Analphabeten zugute.

Beispiel für einen Text in Leichter Sprache:

In Deutschland leben viele Menschen mit einer Behinderung.

Viele Menschen haben die Behinderung erst in ihrem Leben bekommen.

Manche Menschen haben die Behinderung schon seit der Geburt.

Quelle: Familienratgeber.de. Infotext zum Thema Schwerbehinderung. Der vollständige Text findet sich unter https://www.familienratgeber.de/schwerbehinderung/?variante=einfach.

Die wichtigsten Regeln zur Leichten Sprache lauten:

- Ein Satz enthält nur eine Information.
- Jeder Satz ist zugleich ein eigener Absatz. Sie drücken also nach jedem Satz zwei Mal auf Return.
- Ein Satz enthält höchstens ein Komma.
- Es werden einfache Grafiken zur Veranschaulichung eingesetzt.

3.4 Bilder

Neben Texten spielen Bilder eine Schlüsselrolle im Web 2.0. Sie werden meistens als Blickfang und visueller Teaser benutzt und enthalten selbst wenig Information. Ich lasse daher das Thema Informationsgrafiken und deren Gestaltung in dieser Broschüre außen vor. Ausführliche Informationen dazu finden Sie in meinem Buch „Barrierefreiheit im Internet".

Bilder auswählen

Schon bei der Auswahl der Bilder können Sie auf bestimmte Kriterien achten. Bilder mit einem hohen Kontrast sind für Sehbehinderte besser erkennbar. Das Bild-Objekt ist der eigentliche Inhalt des Bildes. Er sollte sich idealerweise in der Mitte oberhalb des eigentlichen Bild-Mittelpunktes befinden. Dort befindet sich bei Abbildungen von Menschen zumeist das Gesicht.

Das Bild-Objekt sollte sich deutlich vom Hintergrund abheben. Vor allem bei Amateur-Aufnahmen ist das nicht immer der Fall.

Die Bilder sollten sinnvoll zugeschnitten und optimiert werden. Auch wenn Sie unterwegs sind, sollten Sie Ihre Schnappschüsse nicht unbearbeitet hochladen.

Vermeiden Sie Text in Bildern oder Videos. Er ist für Blinde unsichtbar, für Sehbehinderte schlecht lesbar und ist auch für Smartphones nicht optimal.

Bilder bearbeiten

Schnappschüsse sollten vor der Veröffentlichung ordentlich bearbeitet werden. Generell gilt, je komplexer ein Bild ist, desto schlechter ist das Bildobjekt zu erkennen. Komplex heißt, dass es viele Elemente enthält und keinen sofort erkennbaren Fokus hat. Oder es ist so gestaltet, dass das Bild-Objekt nicht gut vom Hintergrund unterscheidbar ist.

Wählen Sie die Bilder also sorgfältig aus, schneiden Sie sie zu und bearbeiten Sie sie angemessen nach. Wenn Sie einen Schwung von Schnappschüssen unbearbeitet hochladen, wird der Sehbehinderte sehr schnell kapitulieren. Er wird feststellen, dass er mit den Bildern nichts anfangen kann und weiter scrollen.

Das Bildobjekt - also der eigentlich wichtige Gegenstand - sollte sich in der Mitte leicht oberhalb des eigentlichen Mittelpunktes befinden. Dort befindet sich bei Aufnahmen von Personen zumeist das Gesicht.

Bilder beschreiben

Bilder spielen eine Schlüsselrolle im Web 2.0. Dennoch haben Facebook und Twitter es lange Zeit nicht ermöglicht, Bilder für Blinde zu beschreiben. Nach wie vor ist die Sache recht kompliziert.

Bei Facebook können Sie eine Beschreibung im Feld „Sag etwas über dieses Bild" hinterlegen. Diese Beschreibung wird allerdings nur in der Desktop-Version von Facebook angezeigt. Sie wird auf der mobilen Website oder in der App nicht ausgegeben. Seit 2016 fügt Facebook automatisch Bildbeschreibungen hinzu. Sie sind aber sehr rudimentär. So sagt Facebook: „Zwei Personen, die lachen", „Innenbereich" oder "Bild zeigt möglicherweise Essen". Das ist besser als nichts, aber es ist nicht ausreichend.

Auf Twitter kann eine alternative Beschreibung über die App oder die Webseite vergeben werden. Ich gehe im Abschnitt Twitter genauer darauf ein.

Aktuell ist der sicherste Weg, eine Beschreibung zu hinterlegen, tatsächlich der eigentliche Beitragstext. Hängen Sie die Beschreibung einfach an den Beitrag an. Schreiben Sie den eigentlichen Text, machen Sie einen neuen Absatz und beschreiben Sie das Bild.

> Beispiel:
>
> Das Webprojekt example.org freut sich. In diesem Jahr haben wir bereits mehr als eine Millionen Besucher auf unserem Portal gehabt. Wir freuen uns, dass unsere Infos euch

weiter geholfen haben und hoffen, dass ihr uns weiterhin treu bleibt.

Das Bild zeigt das Team von example.org. Die vier Kolleginnen und zwei Kollegen lächeln und strecken einen Daumen in Richtung der Kamera.

Anders als beim Alternativtext von Webseiten dürfen Sie hier schreiben „Das Bild zeigt" oder „Auf dem Bild sieht man" damit die Sehenden wissen, dass sie an dieser Stelle nicht weiterlesen brauchen. Sehende Schauen in aller Regel zuerst auf das Bild und lesen dann den Text. Blinde und stark Sehbehinderte lesen zuerst den Text, dann die Beschreibung und sehen dann erst das Bild.

Eine gute Beschreibung sollte den Kern des Bild-Inhalts vermitteln. Sie können ein Bild nicht in aller Ausführlichkeit beschreiben. Sie können aber die Kern-Informationen vermitteln.

In Social Media werden zumeist Teaser-Bilder geteilt. Das sind Bilder, die Interesse wecken sollen. Sie enthalten aber selbst keine Information, die wichtig ist, um den Text zu verstehen.

Deshalb können Sie die Bildbeschreibungen kurz halten. Meistens geht es darum, die Bildaussage zu vermitteln, nicht den Bildinhalt. Bei der Feier aufgrund einer Million Website-Besuchern, zum Beispiel, ist nicht interessant, welche Kleidung die Abgelichteten gerade tragen. Sie möchten zeigen, dass sich die Mitarbeiter freuen. Anders wäre es vielleicht, wenn sich die Mitarbeiter verkleidet hätten. Sie merken, der Inhalt der Beschreibung hängt stark vom Zusammenhang ab. Denken Sie daran, dass die Bilder für Blinde nicht und für Sehbehinderte schwer zu erkennen sind. Sie erfüllen also für diese Gruppe keine Informations- oder Teaser-Funktion. Sie sollten deshalb kein Bild ohne begleitenden Text posten.

3.5   Verlinkungen

Auf Twitter und Facebook werden Links häufig unkommen-
tiert geteilt. Gerade unter behinderten Menschen gelten solche Links als schlechter Stil. Sie wissen nicht, was sie hinter
dem Link erwartet. Immerhin könnte es sich um Spam oder
gefährliche Inhalte handeln. Zwar holt sich Facebook häufig
ein Bild von der verlinkten Seite. Das Bild ist für Blinde aber
nicht und für Sehbehinderte schlecht erkennbar.
Unabhängig davon wollen die Besucher wissen:

- Was sich hinter den Links verbirgt

- Wer der Websitebetreiber ist

- Welche Info der Klicker dort findet

- Welches Format verlinkt wurde, wenn es keine nor-
  male Webseite, sondern ein Video, PDF oder etwas
  anderes ist

Denken Sie daran: Ihr Follower oder Fan sieht bei einer Web-
session Dutzende Links. Er wird sich nicht die Zeit nehmen,
auf einen Link zu klicken, wenn er nicht weiß, was sich dahin-
ter verbirgt.

3.6   Audio und Video

Wie bei Bildern sollten Sie bei Audio und Video eine möglichst gute Aufnahmequalität anstreben. In der Regel werden
bei Social-Media-Inhalten auch quick and dirty produzierte
Inhalte akzeptiert. Das Problem besteht darin, dass unsauber
aufgenommene Ton- und Video-Aufzeichnungen schlechter
erkennbar oder verständlich sind. Das trifft vor allem schwerhörige und sehbehinderte Menschen. Prüfen Sie vor allem
die folgenden Faktoren:

- Ist die Tonaufnahme verrauscht oder wird sie von starken Nebengeräuschen überlagert?

- Ist die Videoaufnahme zu schlecht ausgeleuchtet oder zu grell?

- Ist die Stimme des Interview-Partners deutlich leiser als die des Interviewers?

Das sind alles Faktoren, die für die Verständlichkeit und Erkennbarkeit wichtig sind. Vieles aber nicht alles lässt sich in der Nachbearbeitung noch verbessern.

Reduzieren Sie bereits bei der Aufnahme die Nebengeräusche so stark wie möglich.

Sie sollten für Audioinhalte möglichst geschulte Sprecher auswählen. Sie sind auch bei mäßiger Tonqualität gut verständlich. Die meisten Menschen können von den Lippen ablesen, manchmal sehen wir mehr, als das wir hören. Dieser visuelle Kanal fällt bei Audio-Dateien weg, so dass es schwieriger sein kann, das Gesprochene zu verstehen.

In Videos sollten die Sprecher aus dem gleichen Grund möglichst immer der Kamera zugewandt und gut ausgeleuchtet sein. Ein Großteil der Kommunikation findet über die Körpersprache statt, durch das Lippen lesen kann eine Schwerhörigkeit zumindest teilweise ausgeglichen werden.

Audio- und Video-Inhalte sollten nicht von selbst starten. Die losplärrenden Inhalte stören die Blinden, die ihre Screenreader nicht mehr hören können. Außerdem irritieren sie Menschen mit Autismus, Epileptiker oder auch Sehbehinderte. Für Sehbehinderte ist es schwierig, den Button zum Anhalten des Videos zu finden.

Wenn Sie Videos über YouTube oder ähnliche Dienste einbinden, können Sie das Verhalten des Videos über den Einbettungs-Code steuern. Sie können zum Beispiel einstellen, dass das Video nicht automatisch startet.

Es gibt noch drei spezielle Ansätze, Audios und Videos für Gehörlose und Blinde zugänglicher zu machen:

- Texttranskripte

- Untertitel für Videos

- Audiodeskription für Videos

Diese Ansätze möchte ich im Folgenden näher betrachten.

Das Texttranskript

Text Transkripte werden häufig für reine Audio-Inhalte, seltener für Videos angeboten. Es handelt sich im Prinzip um eine vollständige Verschriftlichung gesprochener Inhalte.
Das Transkript ist vor allem für gehörlose und schwerhörige Menschen gedacht, die Probleme haben, gesprochene Inhalte zu verstehen.
In Zeiten, in denen es alle eilig haben, profitieren auch nicht-behinderte Menschen von Texttranskripten. Den Text eines halbstündigen Podcasts können Sie in rund 5 bis 10 Minuten lesen. Übrigens hilft das auch bei der Optimierung für Suchmaschinen. Bisher kann keine Suchmaschine den Inhalt von Audiodateien erfassen, Texte sind hingegen kein Problem.

Beispiel für ein Texttranskript:

Frank Rieger: Herzlich willkommen zu alternativlos, die Folge Numero 20 …

Fefe: … über den politischen Diskurs diesmal, und wir sind sehr stolz, einen besonderen Gast zu haben, diesmal, nämlich Herrn Schirrmacher von der FAZ.

> Frank Schirrmacher: Hallo.
>
> Frank Rieger: Guten Tag.
>
> Frank Schirrmacher: Guten Tag.
>
> Transkript des Podcasts Alternativlos. Den gesamten Text finden Sie unter https://alternativlos.org/20/transkript.html.

Wenn Sie ein Texttranskript anbieten, machen Sie einen vollständigen Text mit Zwischen-Überschriften, Listen und anderen Formatierungen daraus. Wenn es mehrere Sprecher gibt, sollte immer klar sein, wer gerade spricht. Ein Zeitstempel ist in den meisten Fällen überflüssig. Der Zeitstempel zeigt, zu welchem Zeitpunkt im Podcast etwas gesagt wurde. Das interessiert den Leser des Transkripts aber meistens nicht. Für manche Leser ist es aber nicht ganz einfach, diese Stellen zu überspringen.

Sie brauchen den Text nicht sprachlich aufzupolieren. Sie sollten jedoch „ähs" und „Mhms" und Ähnliches entfernen. Was bei gesprochenen Inhalten kaum auffällt, stört bei geschriebenen Texten umso mehr. Manchmal lässt es den Sprecher so aussehen, als ob er keinen geraden Satz formulieren könnte.

Untertitel für Videos

Untertitel (UT) werden vor allem von gehörlosen und schwerhörigen Menschen genutzt. Bei undeutlichen Sprechern und fremdsprachigen Inhalten wünscht sich auch manch Hörender solch eine Hilfe.

Besonders nützlich sind UT, wenn der Sound von Videos nicht abgespielt wird. Das ist häufig der Fall bei auf Facebook geteilten Videos. Sie werden in der App automatisch abgespielt, wobei der Sound fehlt. So profitieren auch Sehende von diesen Verschriftlichungen.

UT für Gehörlose sind von UTn für fremdsprachige Personen zu unterscheiden. Letztere werden zum Beispiel mit „Original mit UTn" (OmU) angekündigt. Die OmU verschriftlichen nur das Gesprochene. UT für Gehörlose hingegen verschriftlichen auch wichtige akustische Informationen wie Musik oder Geräusche.

Es wird zwischen geschlossenen und offenen UTn unterschieden. Geschlossene UT können bei Bedarf ein- und ausgeblendet werden. Offene UT werden fest in den Film eingefügt. Geschlossene UT sind vorzuziehen, weil die ständige Bewegung der Texte, zu Irritationen bei anderen behinderten Menschen führen können.

Denken Sie daran, dass die UT gut lesbar sein müssen, da sie nur kurz eingeblendet werden.

Es gibt verschiedene Werkzeuge, mit denen Sie UT erstellen können. Müssen sie das nur gelegentlich tun, bietet sich YouTube an. Sie müssen das Video nicht einmal dort publizieren. Es reicht, wenn Sie es dort hochladen. Sie können mit den Tools arbeiten, die YouTube zur Verfügung stellt. YouTube gibt auch konkrete Tipps, was sinnvollerweise in UT gehört. Wenn Sie fertig sind, können Sie die UT-Datei herunterladen und weiter verwenden.

UT sollten alle verbalen Informationen enthalten, das heißt der gesamte sprachliche Anteil eines Videos wird verschriftlicht.

UT werden sequenzweise eingeblendet. Das heißt, wenn jemand einen 30 Sekunden langen Sprachanteil hat, wird nicht dieser komplette Text auf einmal eingeblendet, sondern ein Satz nach dem Anderen und zwar möglichst synchron zu dem Zeitpunkt der Aussprache. Die synchrone Darstellung ist wichtig, da einige Gehörlose und Schwerhörige von den Lippen lesen bzw. die Körpersprache erkennen können. Ein großer Teil der Kommunikation verläuft nonverbal. Deshalb müssen gesprochener und geschriebener Teil synchron sein. Zum Thema Lippenlesen muss man einschränkend sagen, dass nur rund 35 Prozent oder weniger von den Lippen abgelesen werden können. Außerdem sind nicht alle Sprecher eines Filmes jederzeit zu sehen. Last but not least, kann zwar fast jeder Mensch ein wenig von den Lippen ablesen und tut das im Alltag auch. Andererseits beherrschen viele Gehörlose oder Schwerhörige diese Kunst nicht ausreichend, um ohne UT genügend zu verstehen.

Um sich die Arbeit zu erleichtern, schauen Sie sich das Video einmal ohne Ton an: Welche Informationen sind wichtig, um das Video dennoch zu verstehen? Versuchen Sie auch, einen gehörlosen oder Schwerhörigen einzubinden, der Ihnen weitere Tipps geben und die UT prüfen kann.

Audiodeskription für Videos

Die Audiodeskription ist eine akustische Beschreibung von visuellen Inhalten. Sie wird in Videos eingesetzt, damit Blinde verstehen, worum es in dem Film geht.

Die AD wird vor allem für Videos benötigt, die einen geringen Sprachanteil haben. Das ist auch wichtig, da die Beschreibung in den Teilen des Filmes untergebracht wird, in denen nicht gesprochen wird.

Planen Sie bereits bei der Konzeption des Filmes genügend Zeit für die AD ein. Hat das Video einen hohen Sprach- und Aktionsanteil, wird nicht mehr genügend Zeit für eine AD vorhanden sein.

Eine AD kann eingespart werden, wenn wesentliche Informationen im eigentlichen Sprechertext vermittelt werden. Da viele Social-Media-Videos zeitnah veröffentlich werden sollen, vermeiden Sie damit auch den Zeitverlust durch eine aufwendige AD.

Wenn Sie zum Beispiel über einen Unfall berichten, können Sie viele visuelle Informationen in den Sprechertext einbauen.

Beispiel für eine integrierte AD:

Wegen eines Unfalls auf der B9, ist die Bundesstraße auf der Höhe der Kennedyallee gesperrt. Zwei Fahrzeuge sind frontal zusammengestoßen, die Wagen hatten Totalschaden. Die beiden Fahrer kamen jeweils mit leichten Verletzungen davon.

Auf diese Weise lassen sich nicht alle visuellen Informationen unterbringen. Es geht darum, dem Blinden und sehbehinderten Zuschauer soweit zu informieren, dass er weiß, was passiert ist.

Eine eingebaute Beschreibung wird auch von Sehbehinderten eher akzeptiert als eine vollständige AD. Viele Menschen nehmen die AD als Fremdkörper wahr, weil sie kein organischer Teil des Filmes ist.

Eine AD lässt sich mit jeder Audio-Schnittsoftware erstellen. Folgendes Vorgehen erscheint sinnvoll:

1. Prüfen Sie zunächst, ob eine AD notwendig und möglich ist. Bei Videos mit hohem Sprachanteil fehlt einfach die nötige Pause, um eine AD unterzubringen. Sie ist aber auch in solchen Fällen nicht nötig.

2. Halten Sie die Szenen fest, die beschrieben werden

müssen. Verwenden Sie am besten eine Stoppuhr, um die Länge der nutzbaren Passagen zu messen. Wichtige Informationen sind auch Namen gezeigter Personen oder Orte, sowie alle visuell relevanten Informationen, die nicht vom Sprecher vermittelt werden.

3. Schreiben Sie die Texte für die AD. Wie alle Texte müssen diese sorgfältig redigiert werden. Die AD soll nicht werten, sondern objektiv beschreiben. Schreiben Sie also nicht
„Die fröhliche Gruppe schaut in die Kamera."
Schreiben Sie lieber:
„Die Gruppe schaut lachend in die Kamera."

4. Ist der Text geschrieben, müssen die einzelnen Passagen eingesprochen werden. Verwenden Sie eine Aufnahmetechnik, die der Aufnahmequalität des Videos entspricht. Ist die AD verrauscht und der Clip nicht, wirkt das ein wenig merkwürdig. Der Sprecher sollte neutral und langsam sprechen. Faktoren wie die Abspielgeschwindigkeit können hinterher noch überarbeitet werden. Der Sprecher kann sich an den Off-Sprechern in den typischen Fernseh-Dokumentationen orientieren. Er ist ein neutraler Erzähler und nicht Teil des Filmgeschehens. Er beschreibt das zu Sehende und wertet nicht.

5. Im letzten Schritt müssen die eingesprochenen Passagen mit dem Film synchronisiert werden.

Die meisten Videobearbeitungsprogramme erlauben das Arbeiten mit mehreren Tonspuren. Mehr ist auch nicht notwendig, um eine AD mit dem Film zusammenzufügen. Die Lautstärke der Videospur wird an den Stellen reduziert, an der die Deskription eingefügt wird.

Es ist natürlich nicht möglich, alle visuellen Informationen in der AD unterzubringen. Bei einem typischen Whodunit -Krimi sollen die Zuschauer herausfinden, wer der Täter ist. Dazu müssen Blinde alle Informationen zur Verfügung gestellt bekommen, die auch sehende Zuschauer zum Mitraten erhalten.

Eine Möglichkeit, Schlüsselinformationen für die AD zu erhalten ist auch das Drehbuch. Was für einen Film besonders wichtig ist, wird auch im Drehbuch notiert.

Hören Sie sich einmal den Film ohne Bild an, dann bekommen Sie ein Gefühl dafür, welche Informationen für den Zuhörer wichtig sind.

Zudem sollten Sie sich einen Clip mit AD ansehen, um ein Gefühl dafür zu bekommen, wie so etwas aussieht. Der Tatort zum Beispiel wird regelmäßig mit AD ausgestrahlt.

Last but not least können Sie versuchen, einen blinden Testhörer zu gewinnen, der Ihnen Feedback zur AD geben kann. Das sollte passieren, bevor Sie die AD einsprechen, damit Sie die Arbeit nicht doppelt machen müssen.

3.7 Diskriminierungsfreie Inhalte

Wenn Ihre Social-Media-Beiträge über behinderte Menschen handeln, sollten Sie ein paar Regeln beachten. Als Kommunikationsexperte wissen Sie, dass jede Botschaft mindestens zwei Seiten hat:

- Ihre eigentliche Botschaft
- Was der Leser hinein liest

Sie kennen vielleicht das Vier-Ohren-Kommunikationsmodell

von Friedemann Schulz von Thun. Es geht im Kern darum,
dass neben der eigentlichen Botschaft auch weitere Informationen transportiert werden. Das heißt: das, was ich sage ist
nicht unbedingt das, was bei dem Empfänger ankommt. Es
steht etwas zwischen den Zeilen und es ist in einen größeren
Kontext eingebunden. Im Subtext steht häufig etwas anderes
als in der Hauptbotschaft. Oder es wird hineingelesen. Deswegen müssen Sie sensibel dafür werden, wie Ihre Inhalte
beim Nutzer ankommen.

Behinderte Menschen sollten nicht als Opfer dargestellt
werden. Das gilt auch, wenn sie sich selbst so darstellen.
Vermeiden Sie Formulierungen wie „leidet an..." oder „ans
Bett gefesselt". Auch die Bildsprache auf Fotos und in Videos
sowie die Hintergrundmusik können vermitteln, dass jemand
ein Opfer und keine handelnde Person ist. Ein Mensch sollte
nicht so dargestellt werden, dass er von einer anderen Person abhängig ist. Eine Ausnahme gilt natürlich dann, wenn
genau das Abhängigkeitsverhältnis oder das Opfer-Dasein
das eigentliche Thema Ihres Beitrages ist.

Achten Sie darauf, dass sich behinderte und nicht-behinderte
Menschen buchstäblich auf Augenhöhe befinden. Es sieht
paternalistisch aus, wenn eine stehende Person auf einen
Rollstuhlfahrer „herab blickt". Ähnliches gilt für Rollstuhlfahrer, die geschoben oder Blinde, die am Arm geführt werden.
Natürlich kommen solche Situationen vor. Sie mögen sogar
für die portraitierte Person Alltag sein. Dennoch wirkt es
ganz anders, wenn der Blinde oder der Rollstuhlfahrer allein,
also selbständig, unterwegs ist.

Wenn Sie inklusiv sein möchten, zeigen Sie behinderte und
nicht-behinderte Menschen gemeinsam, wobei die Perso-
nengruppen möglichst „gleichberechtigt" dargestellt werden
sollten. Der Werkstattleiter, der stolz auf seine behinderten
Mitarbeiter blickt, erinnert an eine Lehrer-Schüler-Situati-

on. Die Werkstatt-Mitarbeiter sind allerdings erwachsene Menschen. Sind die Behinderten und Nicht-Behinderten auf einem Bild oder in einem Video räumlich voneinander getrennt, symbolisiert das auch eine soziale Trennung. Sie müssen lernen, solche Sub-Botschaften zu erkennen und zu vermeiden.

Um behinderte Menschen aktiv darzustellen gibt es zwei Möglichkeiten:

- Die behinderten Menschen werden in Aktion gezeigt. Die Aktion sollte im Zusammenhang mit dem Beitrag sinnvoll sein.

- Behinderte und nicht-behinderte Menschen machen etwas gemeinsam. Sie kümmern sich um einen Garten, machen gemeinsam Sport oder etwas Ähnliches. Dabei sollte niemand den anderen dominieren. Natürlich können sie sich gegenseitig helfen, es ist alles eine Frage der gleichen Augenhöhe.

Auch für die Kommentare Ihrer Nutzer sind Sie verantwortlich. Sollte ein Kommentator über behinderte Menschen herziehen, sie beleidigen oder als hilfsbedürftig darstellen, sollten Sie frühzeitig einschreiten. Je nach Situation sollten Sie sich von diesem Kommentar distanzieren. Im schlimmsten Fall sollten Sie den Kommentar löschen und begründen, warum Sie das für notwendig gehalten haben.

3.8 Behinderte Menschen einbeziehen

Sie sollten bei jeder Maßnahme zur Inklusion oder Barrierefreiheit, behinderte Menschen nicht nur berücksichtigen, sondern auch einbeziehen. Wenn es die Möglichkeit gibt, sollten Sie eine betroffene Person konsultieren und sie etwa fragen, ob diese Bildbeschreibung, UT oder AD so in Ordnung sind. Das gilt vor allem, wenn Sie die AD oder UT selbst erstellt haben und sie nicht von einer professionellen Agentur kommen.

Das Konsultieren eines behinderten Menschen ist nicht immer möglich, da entsprechende Personen nicht immer Zeit oder Lust haben oder einfach nicht zur Verfügung stehen. Sie sollten auch nicht erwarten, dass sich behinderte Menschen selbstverständlich kostenlos für solche Aufgaben zur Verfügung stellen. Sie sollten die Prüfung von Inhalten als Dienstleistung verstehen. Wenn Sie nicht selbst ehrenamtlich arbeiten und Ihre Dienstleister nicht unentgeltlich für Sie arbeiten, warum sollte das ein behinderter Mensch tun? Wenn der entsprechende Bedarf besteht, können Sie überlegen, ob es sich lohnt, dafür eine eigene Stelle zu schaffen oder ob Sie einen Freelancer damit beauftragen.

Beachten Sie auch, dass nicht jeder behinderte Mensch automatisch ein Experte für Barrierefreiheit ist. Häufig wissen sie vor allem, welche Probleme Sie selbst haben, können aber nicht die Probleme anderer Personen mit der gleichen Behinderung antizipieren. Für einen Experten ist es weniger wichtig, die Probleme eines einzelnen behinderten Menschen, sondern die Probleme der Grundgesamtheit aller behinderten Menschen erfassen zu können. Das klingt extrem schwierig und ganz einfach ist es tatsächlich nicht. Aber dafür gibt es auch Regeln wie die Web Content Accessibility Guidelines 2.0, in welchen zahlreiche Anforderungen behinderter Menschen festgehalten sind.

4.   Teil III
Social Media konkret

Nachdem Sie erfahren haben, welche Barrieren es gibt und wie diese beseitigt werden können, möchte ich im letzten Teil noch auf einige große Plattformen eingehen. Wie in der Einleitung erwähnt, entwickeln sich die Plattformen sehr dynamisch. Die Barrierefreiheit kann sich verbessern, selten auch verschlechtern. Im Punkt „Weiterführendes" erfahren Sie, wo Sie sich über die aktuellen Entwicklungen informieren können.

4.1   Facebook

Facebook ist die größte Social-Media-Plattform der Welt. Auch wenn Facebook noch einige Barrieren aufweist, sind viele behinderte Menschen dort aktiv. Ganz nebenbei hat sich Facebook zur größten Online-Selbsthilfeplattform für behinderte Menschen entwickelt. Es hat klassische Web-Plattformen wie MyHandicap, Rehakids und Co. aus dem Feld geworfen.

Viele Blinde benutzen die mobile Website von Facebook oder die Smartphone-App. Die Desktop-Variante wird kaum noch verwendet. Die Website-Version von Facebook ist tatsächlich auch die Version mit den größten Barrieren.

Wer bei Facebook ein Bild hoch lädt, kann direkt einen Alternativtext einfügen, das geht über die Option „Sag etwas über dieses Bild". Leider wird dieser Alternativtext nur in der Desktop-Variante von Facebook ausgegeben.

Außerdem werden automatisch Alternativtexte eingefügt. Facebook verwendet dazu eine künstliche Intelligenz, um zu erkennen, was auf den Bildern zu sehen ist. Diese Texte sind zum jetzigen Stand rudimentär. So erkennt Facebook, dass sich Personen oder Tiere auf einem Bild befinden. Differenziertere Infos bietet Facebook allerdings nicht. Wie in Teil II ausgeführt würde ich Ihnen empfehlen, die Bildbeschreibung einfach an den Beitragstext anzuhängen.

Es kommt häufiger vor, dass Sie einen Schwung von Bildern zum Beispiel von einem Event auf einen Schlag hochladen. Bitte schreiben Sie immer einen kurzen Textbeitrag dazu: Worum geht es, was ist auf den Bildern zu sehen, was ist der Anlass und so weiter.

Die Sticker sind leider aktuell gar nicht barrierefrei, sie sind so eingebunden, dass sie von den Screenreadern ignoriert werden, eine Vergabe von Alternativtext ist nicht möglich. Die Emojis funktionieren aktuell nur auf Smartphones.

Für Videos können UT eingefügt werden. Eine zu- und abschaltbare AD ist aktuell leider nicht möglich.

4.2   YouTube

Die Barrierefreiheit von YouTube ist noch ausbaufähig. Für Blinde ist es einfach, Videos zu suchen und abzuspielen. Die Steuerung der Videos ist allerdings recht kompliziert. Blinde müssen die Stimme des Screenreaders hören, während das Video abspielt. Je nach Lautstärke des Videos ist das nicht ganz einfach.

Sehbehinderte haben das Problem, dass die Steuerelemente des Videoplayers schlecht zu erkennen sind. YouTube schaltet oft Werbe-Clips vor, die von Sehenden gut übersprungen werden können, von Sehbehinderten und Blinden hingegen nicht. Sie finden die entsprechende Schaltfläche nicht.

Für Blinde ist es hilfreich, wenn das Video möglichst klar im Titel beschrieben wird. Zudem sollte es kein langes Intro etwa mit Stille oder Musik geben. Je schneller der eigentliche Einstieg startet, desto eher wissen Blinde, dass sie das richtige Video aufgerufen haben. Wenn das nicht möglich ist, stellen Sie dem Video eine kurze verbale Anmoderation voran, in dem der Inhalt angekündigt wird, bevor das Intro startet.

Bei lauten Stellen ist es sehr schwierig, die Sprachausgabe zu verstehen, deshalb ist es wünschenswert, solche lauten Stellen möglichst kurz zu halten.

YouTube bietet schon seit längerem das Einbinden von UTn. Da YouTube geschlossene UT unterstützt, ist letztere Variante vorzuziehen. Die ständige Bewegung der UT kann andere Zuschauer ablenken. Die UT können im SRT-Format auf YouTube hochgeladen werden. Sie können aber auch direkt auf YouTube erstellt werden. Die auf YouTube erstellten UT können auch heruntergeladen und für andere Plattformen wie Facebook verwendet werden.

Die automatische Untertitelung von YouTube ist aktuell unzureichend. Außerdem können die Nutzer selbst entscheiden, ob sie solche automatischen UT haben möchten. In keinem Fall sollten Sie beim jetzigen Status versuchen, diese automatischen UT als echte UT zu verkaufen. Sie können aber natürlich die automatischen UT als Grundlage für Ihre eigenen UT verwenden. Lassen Sie die UT automatisch einfügen und überarbeiten Sie diese anschließend.

YouTube unterstützt derzeit nicht das Zu- und Abschalten der AD. Es gibt zwei Möglichkeiten, dieses Problem zu umgehen:

- Sie laden das Video mit AD hoch und hoffen, dass sich die Sehenden nicht an den Audio-Kommentaren stören

- Sie laden zwei Varianten hoch: Eine mit und eine ohne AD

Bei kurzen Videos von bis zu drei Minuten sollte die AD die

meisten Leute nicht stören. Bei längeren Videos empfiehlt sich die zweite Variante. Sie können die Videos im Titel entsprechend kennzeichnen. Das erste Video heißt dann: „Mein Lieblings-Katzenvideo", die zweite Variante „Mein Lieblings-Katzenvideo mit AD".

4.3   Twitter

Auch die Barrierefreiheit der Twitter-Website ist aktuell eher als mittelmäßig einzustufen. Das ist teilweise strukturell bedingt. Der Inhalt der Timeline wird ständig aktualisiert, wodurch die Hilfstechnik von Blinden Probleme bekommen kann. Blinde benutzen in der Regel die mobile Version auf m.twitter.com, die App oder einen alternativen Webdienst wie EasyChirp. Die eigentliche Twitter-Website www.twitter.com ist für Blinde kaum bedienbar.

Wie immer sollte auch bei Tweets die korrekte Rechtschreibung und Zeichensetzung beachtet werden, da die Sprachausgabe von Blinden den Text sonst falsch vorliest. Bei längeren Texten ist das nicht so schlimm, bei Tweets allerdings schon. So eine Timeline kann aus Hunderten von Tweets bestehen und man wäre lange beschäftigt, wenn man auch nur einen Bruchteil davon entschlüsseln müsste.

Tweets müssen also auf Anhieb verständlich sein. Dabei ist es nicht so schlimm, wenn man die zur Verfügung stehenden Zeichen komplett ausnutzt. Auch die Hash-Tags erfüllen eine wichtige Rolle, da sie zeigen, worum es geht. Dennoch oder gerade deswegen sollten Hash-Tags sparsam eingesetzt werden. Ein bis zwei Hash-Tags sind vollkommen ausreichen. Möchte man trotzdem noch mehr Hashtags unterbringen macht es Sinn, sie an das Ende des Tweets anzufügen.

Der Screenreader liest die Hashtags vor, so dass zu viele

Hashtags den Tweet unverständlich machen. Der Tweet „#Bonn #wird #grün wird dann so vorgelesen: „Hashtag Bonn Hashtag wird Hashtag grün".

Verweist man auf einen Link, sollte man genügend Text zur Beschreibung des Link-Ziels vorsehen. Da Twitter auch viel mobil genutzt wird und mobiles Internet vom Volumen her begrenzt ist und relativ langsam sein kann, möchten die meisten Leute weder Videos noch große PDFs laden. Hinzu kommt, dass die meisten Websites bisher nicht für mobile Endgeräte optimiert wurden. In der Regel geht der Follower davon aus, dass das Link-Ziel eine Website ist und kann sich entscheiden, ob er sie aufrufen möchte oder nicht. In allen anderen Fällen sollte der Typ des Link-Ziels aus dem Tweet hervorgehen oder in Klammern vorangestellt werden, Das kann so aussehen:

Beispiel für einen Tweet mit Link:

Ihr findet unsere Studie als PDF unter example.org.

oder:

Auf der Abschlussveranstaltung ging es heiß her, Video unter www.example.org.

Die erste Variante ist natürlich eleganter, lässt sich aber nicht in allen Fällen umsetzen.

Auf Twitter lassen sich auch Bilder posten. Mittlerweile geht das sowohl über den Webclient als auch über die Apps. Beim Webclient laden Sie zunächst das Bild hoch. Anschließend klicken Sie auf das Bild. Unterhalb des Bildes erscheint ein Feld, wo Sie die Beschreibung eingeben können. Bei den Twitter-eigenen Apps müssen Sie diese Funktion aktuell noch über die Einstellungen abschalten. Wenn Sie einen unabhängigen Twitter-Client verwenden, steht die Funktion eventuell nicht zur Verfügung.

5. Zum Weiterlesen

Domingos de Oliveira. Barrierefreiheit im Internet. epubli 2013

Domingos de Oliveira. Über Behinderung schreiben. Books on Demand 2016

Domingos de Oliveira. Sagen Sie es einfach. Books on Demand 2016

Einfach für alle. Web 2.0 barrierefrei

http://publikationen.aktion-mensch.de/barrierefrei/Studie_Web_2.0.pdf

Infos zu einzelnen Netzwerke

Barrierefreiheit auf Facebook

https://de-de.facebook.com/help/141636465971794/

Barrierefreiheit auf Twitter

https://blog.twitter.com/2013/improving-accessibility-of-twittercom

Infos zur Barrierefreiheit bei Google

https://www.google.com/accessibility/

Barrierefreies Multimedia

UT auf Youtube erstellen

https://support.google.com/youtube/answer/2734796?hl=de

Anforderungen an eine AD

http://www.andersicht.net/index.php?menuid=54&downloadid=60&reporeid=125

Technische Anleitung zur AD

http://jugendplattform.inklusive-medienarbeit.de/word-press/machs-barrierefrei/ADen-filme-hoerbar-machen/

Barrierefrei informieren und kommunizieren. Leitfaden barrierefreie OnlineVideos

http://www.bik-fuer-alle.de/leitfaden-barrierefreie-online-videos.html

www.ingramcontent.com/pod-product-compliance
Ingram Content Group UK Ltd.
Pitfield, Milton Keynes, MK11 3LW, UK
UKHW020106090726
13644UKWH00004B/426